Block · Die Welt ist voller Wunder

Detlev Block

Die Welt ist voller Wunder

Texte zur Dankbarkeit

Illustrationen von Bruno Kröll

Sonnenweg-Verlag

CIP-Kurztitelaufnahme der Deutschen Bibliothek

Block, Detlev:
Die Welt ist voller Wunder: Texte zur Dankbarkeit / Detlev Block.
[Ill.: Bruno Kröll]. –
Konstanz: Sonnenweg-Verlag, 1984.
  ISBN 3-7975-0302-4

1. Auflage 1984
© 1984 by Sonnenweg-Verlag GmbH, Konstanz
Umschlaggestaltung: Bruno Kröll, Wilhelmsfeld
Gesamtherstellung: Clausen & Bosse, Leck
Printed in Germany
ISBN 3-7975-0302-4

Danken – Rede und Widerrede

Der Kleinkram des Gewöhnlichen umgibt mich.
Die Dinge sind berechenbar und erklärbar.
Ich lebe davon und bin gezwungen,
nach vielen Seiten Erklärungen
für mein eigenes Verhalten abzugeben.
Eins ergibt sich aus dem anderen.
Wie man in den Wald schreit,
so schallt es wieder heraus.
Wenn ich die Rechnung nicht
innerhalb einer bestimmten Frist begleiche,
flattert mir eine Mahnung ins Haus.
Was ich leiste, hole ich aus mir selbst.
Überraschungen und Wunder?
Dafür weiß ich zu vieles im voraus.
Noch ehe der Kollege ihn ausspricht,
kenne ich seinen Gedanken wortwörtlich.
In unseren Breiten sind
die Tage mit blauem Himmel gezählt.
Wir müssen zufrieden sein,
wenn die Sonne ihren höchsten Stand
hinter Wolken erreicht.
Immer häufiger kommt es vor,
daß einer ausschert,
um den Ekel niederzukämpfen.
Schwein gehabt, Pech gehabt,
toi, toi, toi –
diese Formel leuchtet jedem ein.
Aber danken – wem und wofür?
Kein Argument, kein Zeigefinger,
keine Beschwörung löst es aus.

Das Kleine wird groß, das Alltägliche
gibt sich als das Besondere zu erkennen,
wenn meine Augen sehend sind.
Deine Stunde, Gott,

und der Gang meines Herzens
sind Wunder, die täglich zunehmen.
Alle Erklärungen tappen im Dunkeln.
Nur wer dem Geheimnis vertraut,
findet Weg über Weg.
Die Quantensprünge deiner Gnade
brechen die Zwangsläufigkeit meines Handelns
immer wieder von neuem auf.
Ich lebe davon, daß sich bei mir
nicht eins aus dem anderen ergibt,
wie ich es verdient hätte.
Ich lebe davon, daß vieles,
was ich in den Wald geschrien habe,
ganz anders wieder zurückgekommen ist.
Ungezählte Rechnungen hast du mir erlassen.
Was wäre ich aus mir selbst!
Darum brauche ich meinen Kollegen
auch nicht auf seine Sprüche festzunageln.
Wunder sind keine Frage des offenen Himmels.
Öffne mir die Augen, dann sehe ich sie!
Was kein Argument, kein Zeigefinger
und keine Beschwörung vermag,
tu du es: Befreie mich
aus der läppischen Resignation toi, toi, toi
zur Gewißheit eines erkennenden:
Ich danke dir!

Ein Tag unter anderen

Heute morgen beim Aufstehn
hörte ich den Kuckuck.
Er rief nicht um meinetwillen.
Die Sonne blieb lange hinter den Wolken.
Sie schuldet mir keine Erklärung dafür.
In der Zeitung kein Wort
über die Morgenlandfahrt der Stillen.
Der Wagen wäre auch angesprungen,
wenn sich ein anderer ans Steuer gesetzt hätte.
Die Menschen, denen ich Guten Tag sagte,
grüßten wieder, als grüßten sie irgendeinen.
Was ich tat, was ich ließ –
kein Gewinn, kein Verlust für den Rest der Welt.
Jetzt bricht der Abend herein
und zieht die Summe.
Wie sollte er auf die Idee kommen,
sich nach meinem Befinden zu erkundigen?
Der Tag ist ohne mich ausgekommen.
Soll ich ihn aus meinem Gedächtnis streichen?
Ich werde ihm Rosen in den Arm legen.

Anzeichen

Das neue Jahr ist erst ein paar Tage jung.
Es begann mit Schnee und Sturm,
mit Eis und Straßenglätte
und schwarzem Weltuntergangshimmel.
Heute aber ist alles wie weggefegt.
Der Himmel blaut auf, die Neujahrssonne
übergoldet die gläserne Landschaft.
Ein Tag wie im Bilderbuch,
eine blendende Stimmung auslösend,
fast schon ein Vorfrühlingstag.
Der Zauber der Erwartung nimmt Besitz von mir:
Noch einmal alles von vorn! Noch einmal!
Jemand, der unsichtbar bleiben will,
schiebt das Karussell der Jahreszeiten
ganz leise von neuem an.
Es gibt Anzeichen dafür.
Achte auf die Kätzchen der Haselnuß!
Sieh dir die Hamamelis im Park an!
Gelbgeschmückt und von feinem Duft umschwebt
steht sie als erste Blüherin des Jahres
mitten im Schnee.
Hör dir das Schilpen der Spatzen an
und den rührenden Kohlmeisenruf
aus weißen Hecken und Sträuchern:
eine muntere kleine Straßenmusik
hoffenden Lebens!
Auch die Amseln wetzen schon ihre Schnäbel
und huschen mit aufgeräumtem
tack-tack und tix-tix durchs Gelände.
Aber die milden Februarabende,
an denen sie sich von hoher Warte
zur ersten Flötenmelodie entschließen,
sind noch lange nicht da.
An geschützten Stellen im Garten,
zum Beispiel unter dem Torf im Terrassenbeet,

lugen wahrhaftig schon grüne Spitzen hervor.
Dies ist ein Tag,
um ins Schwärmen zu geraten
und von Schneeglöckchen zu träumen.
Ich empfinde Vorfreude und bin glücklich.
Dasein, dabeisein, von meiner Stelle aus
teilhaben am Gang der Schöpfung – ich danke dir.
Daß es die Erde gibt, ihre Jahreszeiten
und die verläßlichen Gesetze der Natur,
an denen wir Menschen nicht drehen können –
ich danke dir.
Daß ich Augen habe,
die die leisesten Anzeichen des Frühlings
höher werten als einen halben Winter,
der noch bevorsteht –
ich danke dir.

Ich beglückwünsche meinen Apfelbaum

Immer pflücken müssen,
bevor die Zeit da ist.

Schneller abliefern,
als es nachwächst.

So sind
unsere Tage gefragt.

Ich gäbe so gern
einmal wieder

eine reife Frucht
aus der Hand.

Vor dem Spiegel

Wenn ich mein Gesicht betrachte
und ein Zwiegespräch mit ihm beginne,
tauchen hinter und neben ihm
andere Gesichter auf.
Es sind Gesichter der Menschen,
die meinen Weg geprägt und begleitet,
gekreuzt und gekennzeichnet haben.
Ich schulde ihnen Dank,
denn sie haben mich geliebt und umsorgt,
gefördert und gefordert,
aufgeweckt und in Frage gestellt.
Sie haben meinem Leben Gesicht gegeben.
Wer mich ansieht, sieht nur mich.
Aber ich weiß, daß mein Gesicht
eine Summe vieler Gesichter ist.
Das Erbe der Eltern und Großeltern
steht mir auf der Stirn geschrieben.
Aus meinen Augenwinkeln leuchtet
das Gedenken an meine Brüder
und alle guten und bösen Geister der Kindheit.
Lehrer aus dreizehn Schul-
und fünf Studentenjahren
haben mir eine Brille
gegen Kurzsichtigkeit aufgesetzt,
durch die ich mit wechselndem Erfolg
die Welt betrachte.
Über der Verschlossenheit meines Mundes
liegt etwas Weiches und Versöhnendes,
das ich dem Wunder der Liebe verdanke.
Wenn es einmal schwer kommt,
flüchtet sich das Einverständnis
mit mir selbst
bis ins Versteck meiner Grübchen.
Und die Gesichter,
die aus meinem Gesicht sehen,

nehmen kein Ende.
Da ist, ganz fern und fein und blaß,
das Gesicht der kleinen Jutta,
mit der wir als Kinder spielten,
bis sie eines Tages
auf Nimmerwiedersehen abgeholt wurde.
Da sind die namenlosen Gesichter derer,
die in den Bombenflugzeugen saßen
und unsere Stadt
in Schutt und Asche sinken ließen.

Da sind die unvergeßlichen Gesichter
der gefangenen Polen, die in Reih und Glied
mit Hunger und Verzweiflung
an der Kulisse unseres Kinderparadieses vorbei
in ihr Elend marschierten.
Auch ihnen schulde ich Dank,
denn auch sie lehrten mich sehen,
wenn auch erst Jahre später.
Alles, was ich gesehen habe, hat mein Gesicht
beeinflußt nach innen und außen.
Da kommen die Helfer in der Not,
oft schnell vergessen und nie genug bedankt:
der freundliche Arzt, der sein Gesicht
lachend zu mir herabbeugt und mir das
beruhigende Ergebnis mitteilt;
der einbeinige Rettungsschwimmer an der Ostsee,
der mit sicheren Armbewegungen
meinen sechsjährigen Sohn wieder an Land holt.
Da kommen die Gesichter der Menschen,
die danke sagen und schreiben:
Danke, Sie haben mir geholfen!
Danke, Sie haben mich getröstet!
Da sind die Gesichter der Menschen,
die etwas von mir erwarten –
und ich enttäusche sie.
Fragende, und ich habe keine Antwort,
Wartende, und ich weiß nichts von ihnen.
Auch sie gehören dazu,
auch ihnen schulde ich Dank.
Denn sie zeigen mir, daß auch ich
der Vergebung bedarf, daß auch ich
auf Barmherzigkeit angewiesen bin.
Das Gesicht der Vergebung, das Gesicht
der Barmherzigkeit, die undeutlich deutlichen
Augen des gekreuzigten Meisters –
irgendwo suche ich einen Abglanz von ihnen
in meinen eigenen Augen.

*Immer sowohl als auch
oder:
Von der Schwierigkeit, Farbe zu bekennen*

Geboren bin ich
in Grün
und aufgewachsen
in Blau.

Komme ich nach Grün,
lasse ich
meine Beziehung
zu Blau durchblicken.

Von Blau geladen
schwärme ich
von meiner Vorliebe
für Grün.

Entschieden
habe ich mich für Rot.
Aber meine Träume
spielen oft in Gelb.

Während ich auf Rot
ein Loblied anstimme,
flirte ich
heimlich mit Gelb.

Macht mir
Gelb ein Angebot,
antworte ich lachend
mit Rot.

Immer
sowohl als auch.
Eines weißen Tages
weiß ich warum.

Ich liebe Dich

Wenn ich dir danke, weiß ich,
daß dieser Dank
eigentlich jemand anders gebührt.
Dem, der uns beide leben läßt, dich und mich,
dem, der uns für dieses Miteinander bestimmt hat,
für unsere Liebe, von der wir leben,
die ich lobe und preise, für die ich danke.
Aber dieser Eine ist unsichtbar,
während du dich höchst sichtbar
durch meinen Tag bewegst.
Dieser Eigentliche, dem wir uns verdanken,
ist nicht so da, wie du für mich da bist:
mit Fleisch und Blut,
zum Anfassen und In-die-Arme-Nehmen.
Er will, daß wir den Dank,
den wir ihm schulden,
abstatten in der Liebe zwischen Mann und Frau.
Er freut sich, wenn ich ein Loblied
auf dich anstimme,
und dir danke für die Vorzüge,
die dir verliehen sind.
Du hast ein Lachen,
das mich nach über zwanzig Jahren
noch immer bezaubert und glücklich macht.
Die Sprache deiner Lippen
ist jung und reif zugleich.
Ich danke dir für deine wunderschönen Augen,
die mich groß und strahlend ansehen,
während sie schon eine Erklärung
für Dinge gefunden haben,
die ich noch nicht einmal entdeckt habe.
Ich danke dir für deine geschickten Hände,
die in meinem Leben verläßlich hantieren
und deren Zärtlichkeit mir
den Himmel aufschließt.

Ich danke dir, daß du mit beiden Beinen
fest auf der Erde stehst und mich wärmst
mit dem Sommer deines Leibes und deiner Seele.
Träume, die ich habe, fängst du manchmal auf,
und hier und da gibt es
zwischen unseren Gedankengängen
eine Übereinkunft, die keiner Worte bedarf.
Ich danke dir, daß du mich aushältst,
wenn das bittere Schweigen über mich kommt
und der Vulkan da drinnen
Feuer und Schlacke speit.
Du kennst ein weites Stück meines Weges;
der Schatz unserer gemeinsamen Erinnerungen
ist groß.
Ich danke dir
für das Einschlafen und Aufwachen zu zweit,
für das Zuhausesein beieinander.
Dein Gesicht im Schlaf
ist mein kostbarstes Gut.
Meiner Lust bereitest du ein federndes Echo,
wenn ich Widerstand nötig habe,
bietest du mir die Stirn.
Vieles, was ich tue, auch das,
was scheinbar nichts mit dir zu tun hat,
tue ich um deinetwillen und mit deinen Augen.
Ich danke dir, daß du Fehler hast,
verbesserliche und unverbesserliche,
an denen ich nie auslerne.
Deine Fehler und Schwächen,
so sehr ich im Augenblick
darüber ärgerlich und wütend sein kann,
haben, in ruhiger Stunde betrachtet,
auch ihre guten Seiten:
Sie machen dich für mich
angreifbar und verwundbar
und fordern meine Liebe
noch auf eine andere Weise heraus.

Sie geben mir das Gefühl, auch selber
Fehler und Schwächen haben zu dürfen.
Mit einem vollkommenen Wesen
oder einem Menschen, der sich dafür hält,
wollte und könnte ich nicht zusammenleben.
Ich danke dir, daß du so bist, wie du bist.

Freispruch

Etwas trennt uns.
Ich atme auf,
weil ich es endlich weiß.
Immer meinte ich,
wir müßten zusammenkommen,
um übereinzustimmen,
und drang in mich,
das Unmögliche möglich zu machen.
Jetzt verabschiede ich
meinen Irrtum
mit ökumenischem Gelächter:
Lieber
gelöst nebeneinander
als krampfhaft geleimt.

Zeitung, Post, Müllwagen

In unserer Sprache stammen denken und danken
aus ein und derselben Wurzel.
Schon wenn ich einen Augenblick nachdenke,
fällt mir vieles ein,
was andere Menschen täglich für mich tun.

Pünktlich jeden Morgen
liegt die Zeitung vor der Tür.
Ich bücke mich, hebe sie auf
und überfliege die Schlagzeilen und Berichte,
bis jemand anderes sich in die Zeitung vertieft.
Ich weiß, ich bezahle sie,
und die Zeitungsfrau bekommt ihr Entgelt.
Trotzdem: so selbstverständlich
will mir diese stille Treue und Pünktlichkeit
Sommer und Winter,
jahrein, jahraus, nicht erscheinen.
Auch die Zeitungsfrau ist ein Mensch
und hat Sorgen und Freuden wie ich.
Wenn ich dann und wann
ein kleines Dankeschön sage,
ist dies Alltägliche für uns beide
eine Zeitlang kein anonymer Vorgang mehr.

Der freundliche Briefträger, immer gut gelaunt,
schellt an der Tür, weil der Haufen Post
nicht in den Schlitz des Briefkastens paßt.
Jeder Brief will gelesen und beantwortet sein.
Jede Sendung bringt ein Stück Arbeit ins Haus.
Aber neben der Last und Bedrängnis
der beruflichen und persönlichen Korrespondenz
gibt es auch das Glück des Empfangens,
die lachende Überraschung, das Gefühl,
angekommen, verstanden, im Gespräch zu sein,
die gelungene Übereinkunft schwarz auf weiß.

Ich wundere mich manchmal insgeheim,
daß so eine Briefkarte,
so dünn und leicht sie ist,
so einen weiten Weg sie haben mag,
verläßlich ankommt und kaum eine
irgendwo auf der Reise verlorengeht.

Später der gelbe Wagen mit der Paketpost.
Ich höre, wie er anhält
und die Bremse gezogen wird.
Ungezählte Päckchen und Pakete
bringt er im Jahr
aus allen Himmelsrichtungen heran,
erwartete und unerwartete,
bestellte und unbestellte,
Festtags- und Alltagspakete,
ganz selten Irrläufer.
Ich weiß um die Arbeitsteilung in unserer Gesellschaft,
ich weiß davon, daß sich die Leute von der Post
genauso nützlich machen müssen, wie es
andere Menschen in ihren Berufen auch tun.
Trotzdem sehe ich dieser Einrichtung,
die dem geregelten Ablauf
meines Alltags zugute kommt,
dankbar entgegen und dankbar hinterher.

Zweimal in der Woche kommt der Müllwagen.
Die Mülltonnen werden geleert,
damit wieder Platz
für den laufenden Abfall wird.
Wir atmen auf.
Schon wußten wir nicht mehr wohin
mit dem überquellenden Mülleimer der Küche,
wohin mit dem vollen Papierkorb,
wohin mit den alten Kartons aus dem Keller.
Ein lebensnotwendiger Dienst, der da geschieht,
wenn die Mülltonnen klappernd geleert und

erleichtert in die Box zurückgedreht werden.
Vielleicht würde Er, wenn er heute
in unserer Wegwerf-Gesellschaft lebte und wirkte,
ein Gleichnis daraus machen:
Wir drohen im Müll unseres Alltags zu ersticken,
aber es ist dafür gesorgt,
daß wir wieder frei ein- und ausatmen können.
Der den Müll wegnimmt, befreit uns
von den belastenden Spuren des eigenen Handelns
und gibt uns Raum für morgen und übermorgen.

In unserer Sprache stammen denken und danken
aus ein und derselben Wurzel.
Ob wir deshalb so wenig danken,
weil wir so wenig denken?

Lutherischer Augenblick

Fröhlich
und guten Gewissens
schließe ich mein Büro.

Während ich
Mittagspause mache,
geht Gottes Sprechstunde weiter.

Beim Blättern im Reisealbum

Unsere geliebte Ferieninsel –
wieviel Sommerfreuden verdanken wir ihr!
Schon viermal haben wir auf ihr Urlaub gemacht.
Wenn ich mir die Bilder ansehe,
rieche ich wieder das Wasser, spüre ich wieder
den Sand und den Wind in den Haaren,
knallt mir die Sonne wieder auf die Badehose.
Hier der vertraute Blick auf das Wattenmeer
über Apfelrosengebüsch
und blaßgrüne Dünengräser hinweg
bis zu dem dünnen Strich am Horizont,
der das Festland andeutet.
Darüber – unnachahmliche See –
ein weiter zartverhangener leuchtender Himmel.
Dort, in geglückter Nahaufnahme,
der bläulichviolette Strandflieder
und die rosafarbene Grasnelke.
Unübersehbar das fröhliche Gelb des Leinkrauts,
an kleine Löwenmäulchen erinnernd,
und die purpurroten Kolonien des Weidenröschens,
in der Kargheit der Insel kostbare Farbtupfer.
Auf der nächsten Seite
das muntere Leben und Treiben am Strand,
das Spiel mit dem Ball, der Langlauf am Meer,
die kunstvolle Sandburg der Jungen,
die beim Wettbewerb einen Preis erhielt,
das Plauderstündchen mit dem Besuch von nebenan,
das tägliche Sonnenbad im Strandzelt.
Die Haut hinhalten, mit den kreischenden Möwen
in die Bläue schweifen, denken und träumen,
ein paar Worte wechseln, einfach dasitzen
und spüren: Das Leben ist schön.
Hier das Paradestück der Fotoernte:
unsere vier Kinder
auf der Mauer in unserer Lieblingsecke.

Jeder gesund und gebräunt,
jeder gelöst und lachend,
jeder in diesem einen Augenblick
mit sich und der Welt im reinen.
Hier ist heiliger Boden.
Ein Stück Paradies, eine Sternstunde,
eingegangen in die Geschichte unserer Familie,
die wie jede andere Familie auch Last und Ärger,
Dürrestrecken und verpaßte Gelegenheiten im
laufenden Alltag kennt.
Am Ende ein Bild, das nicht zufällig
seinen Platz am Ende bekommen hat:
Martin spielt die Orgel in der Inselkirche.
Aus dem ruhigen Braun des Gehäuses
leuchten die Orgelpfeifen hellsilbern auf.
Ein gesammeltes, ein gesättigtes Finale.
Darauf läuft alles hinaus, auch wenn es uns
vielleicht erst Jahre danach ganz aufgeht:
auf den Dank, auf den Lobpreis Gottes.
Wir haben ihn wahrgenommen an seinen Spuren,
in der Schönheit des Meeres und der Insel,
im Ein- und Ausatmen von Freude,
im Zusammensein mit Menschen, die wir lieben.
Gut, daß es diese Bilder in unserem Album gibt.
Wir wollen sie von Zeit zu Zeit
hervorholen und still betrachten.
Denn sie helfen uns, nicht zu vergessen.

Wann ist unser Mund voll Lachen?
Gesang nach Psalm 126

Wann ist unser Mund voll Lachen,
wann wird unser Träumen wahr?

Wenn du, Herr, das Schicksal wendest,
Schuld und Unrecht uns verzeihst,
Krieg und Völkermord beendest,
die Gefangenen befreist.

Wann ist unser Mund voll Lachen,
wann wird unser Träumen wahr?

Wenn du, Herr, die Welt erneuerst,
daß die kranke Schöpfung heilt,
und die Menschheit weckst und steuerst,
daß sie Gut und Nahrung teilt.

Wann ist unser Mund voll Lachen,
wann wird unser Träumen wahr?

Wenn wir Menschen uns besinnen
und dein Name wieder gilt,
die Verheißungen beginnen,
sich dein Wort an uns erfüllt.

Wann ist unser Mund voll Lachen,
wann wird unser Träumen wahr?

Wenn die Sterbenden gesunden
und die Toten auferstehn,
wenn wir, Herr, durch alle Wunden
deine Liebe kommen sehn.

Wann ist unser Mund voll Lachen,
wann wird unser Träumen wahr?

Wenn die Saat, Herr, unter Tränen
und mit Mühen ausgesät,
uns mit Jubel zu versöhnen,
reif in vollen Garben steht.

Dann ist unser Mund voll Lachen,
dann wird unser Träumen wahr.

Laudatio auf mein Auto

Unser Auto, dem wir lange treu geblieben sind,
hat uns jetzt insgesamt
einhundertundsiebzigtausend Kilometer gefahren,
über viermal um den Äquator der Erde mit
ein und demselben Motor! Das ist mindestens
so wie das Dienstjubiläum des Kollegen vorige
Woche oder der eigene runde Geburtstag vor
einem halben Jahr, ein Anlaß, sich zu freuen
und zu danken und im Fortgang der Dinge
ein kleines Fest einzulegen.
Einhundertundsiebzigtausend Kilometer –
ein Hoch auf die unverwüstliche Technik,
auf die deutsche Wertarbeit,
die diesen Wagen lieferte! Ein Hoch auf die
Mechaniker der Werkstatt, die unseren betagten
Wagen so pfleglich betreuten mit Diagnose,
Wartung, Schmierdienst und Reparatur!
Ein Hoch den befahrenen Straßen,
der griffigen Decke der Autobahn, den Leitplanken
und aufleuchtenden Begrenzungspfählen,
dem hilfreichen Mittelstreifen im Nebel!
Einhundertundsiebzigtausend Kilometer –
ein leiser Dank auch an die eigenen Augen,
von deren Wachsamkeit so viel abhängt,
an die behutsame Hand am Lenkrad, an den
verläßlichen Dienst der Füße
an Kupplung und Bremse.
Nie den Ehrgeiz gehabt zu haben,
einen renommierten schnellen Wagen zu fahren
und zu zeigen, was in ihm steckt,
vor der Versuchung bewahrt geblieben zu sein,
aggressiv und herausfordernd
den Straßenverkehr zu beeinflussen, ich halte es
nicht für eine langweilige Artigkeit,
für die man sich selber auf die Schulter klopft,

sondern für ein dankenswertes Geschenk,
das aus einem verantwortlichen Leben erwächst.
Dank an die Schlangen von Kraftfahrzeugen, die mir
entgegenkamen oder in meiner Richtung fuhren,
Dank an die Heerscharen von Autos, die auf
meine Straße einbogen oder von ihr abbogen!
Sie haben durch ihre Disziplin und Fairneß
dazu beigetragen, daß meine Fahrt
in all den Jahren eine gute Fahrt war.
Dank an die Autofahrer, die Rücksicht auf mich
nahmen, wenn ich eine falsche Spur erwischte,
die an einem neuralgischen Wartepunkt auf ihre
Vorfahrt verzichteten und mich freundlich
in die Hauptverkehrsstraße hineinwinkten!
Dank an die hilfsbereiten Auskünfte
der Passanten, wenn ich mich verfahren hatte,
Dank an die Rastplätze und Tankstellen
abseits des Gewoges!
Einhundertundsiebzigtausend Kilometer –
tägliche Dienstkilometer,
Wegbring- und Abholfahrten,
Stadtfahrten, Überlandfahrten,
Inland und Ausland,
Reisen in den Urlaub, an die See, in die Berge,
wo fuhr und hielt unser Auto nicht überall!
Dank für die Menschen, die in ihm saßen,
Kinder und Freunde und Gäste,
unbekannte und bekannte Zeitgenossen,
Dank für die Gespräche, die wir in ihm führten,
für die Gedanken, die in ihm gedacht,
für die Lieder, die in ihm gesungen wurden!
Dank für die Schönheit der Landschaften,
die ich ohne unseren Wagen nie gesehen hätte,
für die Zuflucht im Regen und Gewitter,
für das Gefühl von Unterwegssein,
für den Augenblick des Losfahrens und Sichlösens,
für die glückliche Stunde der Heimkehr!

Einhundertundsiebzigtausend Kilometer
in einer Hülle aus Blech und ohne ernsten Unfall –
mein Dank geht in viele Richtungen,
aber besonders zu dem, dessen Hand mir
aus allen Richtungen behütend entgegenkam.

Mit jeder Fahrt

Der losfährt,
ist ein anderer als der,
der dableibt.

Der Gas gibt,
ist ein anderer als der,
der abbremst.

Der links überholt,
ist ein anderer als der,
der rechts vorbeifährt.

Der Abstand hält,
ist ein anderer als der,
der sich dem Verkehr anpaßt.

Der aufblendet,
ist ein anderer als der,
der abblendet.

Der zuwinkt,
ist ein anderer als der,
der den Vogel zeigt.

Der aussteigt,
ist ein anderer als der,
der eingestiegen ist.

Der Weise von Montagnola

Es ist der Abend des 9. August 1962.
Ich habe den Rundfunk eingeschaltet
und bekomme gerade noch
den Schluß der NDR-Sendung »Auf ein Wort« mit,
wo im Ton des Rückblicks
von Hermann Hesse die Rede ist.
Ich stelle um auf UKW
und warte auf die Spätnachrichten.
Da kommt die Meldung.
Fünfundachtzigjährig und in seinem Tessiner Heim
in Montagnola fast schon zur Sage geworden,
ist der Dichter und Nobelpreisträger
Hermann Hesse aus diesem Leben abgerufen.
Wie die Meldungen lauten,
starb er nach einer drückenden Gewitternacht
vormittags um 10 Uhr an einem Hirnschlag.
Noch im vergangenen Monat hatte ich
einen Brief nach Montagnola geschickt,
und gestern, einen Tag vor dem Tod des Dichters,
erreichte mich seine Antwortsendung,
die dritte ihrer Art:
zwei Privatdrucke für Freunde
und die Fotografie einer Hessebüste
mit eigenhändigem Gruß.

Es gibt eine unruhige Nacht mit wirrem Geträume.
Ungezählte Hesse-Erlebnisse treten ins Bild.
Eigene Verse sehen mich an
und wechseln mit denen des Meisters.
Orte und Wege meiner Jugend gehen über
in Landschaften der Hesseheimat,
Calw ersteht und der Schwarzwald und trauern,
immer wieder werden Heim
und Garten in Montagnola heraufbeschworen,
aus Büchern und Bildern vorgestellt,

wird das Gesicht des Dichters gesucht,
der nun die müden Augen zugemacht hat.
Am Morgen kommt es dann über mich.
Unter Tränen
beuge ich mich über die Zeitungsberichte,
und noch am Kaffeetisch
versagt sich mir die Stimme
beim Verlesen der Tageslosung:
Einer ist nicht mehr vorhanden.

Was verdanke ich Hermann Hesse nicht alles!
Als Achtzehnjähriger erlebte ich bei ihm
das Wunder der Verzauberung.
Mit »Knulp« im Herzen bestand ich
die Klippen des Abiturs wie im Traum.
In den durchlesenen Mitternächten
meiner Studentenjahre lehrte er mich
die Klarheit und Schönheit eines Satzes.
In den sommerlichen Meditationen auf Parkbänken
führte er mich ein in die Musik des Einsamen.
Ich habe in seinen Gedichten gewohnt
und bin in seinen Erzählungen
ein- und ausgegangen,
als es sonst kein Zuhause für mich gab.
Ich lernte Wichtiges aus meinen Irrtümern
und erkannte Lachen und Weinen
als zwei Seiten ein und derselben Sache.
Er rüttelte mich wach und zurecht
und brachte mir
jene Erkenntnisse und Schmerzen bei,
die notwendig sind, um Mensch zu sein.
Es tut weh, sich den Weisen von Montagnola
aus unserer Welt wegdenken zu müssen,
die nun um vieles leerer geworden ist.
Aber sein Vermächtnis bleibt:
seine unerschöpfliche Dichtung,
die mich wandlungsfähig begleiten

und mir weiterhin
tröstliche, schmerzliche Freuden schenken wird.
Solange ich nicht ich bin, so oft ich
nicht ja sage zu meinem eigenen Leben
und den Weg nach innen nicht fortsetze,
wird mich seine Poesie immer wieder
erschrecken und unruhig machen.
Ihn selbst, den Fortgegangenen,
der lange Jahre schon auf den Tod gerüstet war,
für den er das Bruderwort fand,
der Christus einen Stern
und einen Ewigen genannt hat,
weiß ich im Frieden,
der höher ist als alle Vernunft.
Obwohl er sich nicht als fromm
im herkömmlichen Sinn bezeichnen konnte –
an diesen Frieden
hat der Dichter Hermann Hesse geglaubt.

Für Hermann Hesse

Gewölbte Bläue
und Schönwetterwolken
in Heimweh-Beleuchtung.
Siehe,
er kommt mit den Wolken.

Der ihre Botschaft
an uns Wortlose
am genauesten übersetzte,
kannte
des Rätsels Lösung:

Wären
Christi Kirchen und Priester
so wie Er selbst,
dann bedürfte es
der Dichter nicht.

Die Wunder nehmen zu

In der zweiten Hälfte des Lebens
nehmen die Wunder zu.
Plötzlich bleibst du vor dem großen Farn
in deinem Wohnzimmer stehen
und bist baß erstaunt:
Dieses immergrüne Geschöpf,
dieses zarte Filigran,
diese üppigen Blattwedel,
die sich so gesund anfassen,
diese anspruchslose Treue
durch alle Jahreszeiten –
siehst du das alles zum ersten Mal?
Mitten in der Arbeit,
du legst gerade die unerledigte Akte
zur Seite und greifst
nach dem Hörer des Telefons,
den Kopf voller Gedanken, durchfährt es dich:
Daß du hier sitzt und hantierst
und deines Amtes waltest,
mit dem eigenen Bemühen
einigermaßen auf du und du,
an einem normalen Arbeitstag,
mit funktionierenden Sinnen
und ohne übermäßige Sorgen –
nichts weniger als selbstverständlich!
Das Gefühl der Dankbarkeit,
das dieser Gedanke auslöst,
wird sich in deinem Telefonat niederschlagen.
Die Ehrfurcht vor dem Natürlichen wächst,
es bekommt mehr und mehr
den Rang des Wunderbaren.
Du beobachtest jetzt manchmal im Garten,
wie du eine Handvoll Erde aufnimmst,
an ihr riechst
und sie mit Inspiration wieder zurücklegst:

Erde zu Erde.
In jüngeren Jahren wärst du auf solche Gesten
gewiß nicht verfallen, die doch
das natürlichste von der Welt sind.
Fast so etwas wie Andacht ist mit im Spiel,
wenn du eine Birke betrachtest,
überhaupt einen Baum,
dessen Geheimnis dir immer geheimnisvoller wird.

In der zweiten Hälfte des Lebens
nehmen die Wunder zu.
Ein Glas Wasser, unbezahlbare Köstlichkeit,
nicht nur in der Stunde der Krankheit
und im durstauslösenden Fieber –
wie du es hinnimmst, ansetzt und austrinkst!
Jeder Schluck ist Dank und Gebet.
Luft zum Atmen, schmerzfreie Lunge
und ruhig schlagendes Herz –
die Welt ist voller Wunder,
die du langsam, langsam,
allmählich, allmählich erkennst.
Eines Tages
ißt du dein Brot mit sehenden Augen.
Daß es dir schmeckt und bekommt,
erlebst du bewußt als Geschenk.
Wohlstand und Überfluß, vergöttertes Blendwerk,
verlieren zu deiner Verwunderung
ihre Macht über dich:
denn du entdeckst das Gesetz der Einfachheit
und brauchst nur einen Stuhl, um dich zu setzen.
Nun gehörst du zu den Auserwählten.
Während viele um dich herum
im Haben und Habenwollen
den vorläufigen Tod der Langeweile sterben,
den du wie sie ein halbes Leben starbst,
beginnst du jetzt aufzuerstehen und das Fest
der heiligen Nüchternheit zu feiern.

Sehen können: das Gesicht des Nächsten,
die Farben des Regenbogens,
hören können: die Stimme, die dich meint,
das Lachen, das du liebst, die Töne der Musik,
sich bewegen können: gehen, laufen, tanzen,
und die Seele geht mit, läuft mit, tanzt mit,
einem Menschen die Hand geben und ihm verzeihen –
die Welt ist voller Wunder,

die du langsam, langsam,
allmählich, allmählich erkennst.

Daß Frieden ist in dem Land, in dem du lebst,
unverdient in einer Welt
voller Krieg, Zorn und Gewalt,
daß du dem Leben diesen Lobgesang widmest
im Angesicht
der hundert kleinen und großen Tode
drinnen und draußen,
daß du an Gott glaubst
in einer von Widersprüchen
und Zweifeln gezeichneten Landschaft,
so wie du ißt und trinkst, lachst und weinst,
deine Arbeit verrichtest
und dem Leben zugetan bist –
dein Dank wird kein Ende nehmen.

Schnittpunkte, Brennpunkte

Ob die Senkrechte
die Waagerechte
oder die Waagerechte
die Senkrechte schneidet –

wo sie sich treffen,
entsteht ein Kreuz,
und der Dornbusch
beginnt zu flammen.

Eines Morgens

Daß dieser Tag für mich aufgeht,
dieser x-beliebige Tag,
der kein x-beliebiger Tag ist,
nehme ich als Zeichen der Zuwendung.
Ich bin gesund, bis zum Erweis des Gegenteils,
und kann mich frei bewegen.
Während ich die Bettdecke zurückschlage,
um aufzustehen,
fällt mir eine Melodie ein.
Ich summe sie leise vor mich hin,
bis sich mir der Wortlaut zu erkennen gibt:
»Daß unsre Sinnen wir noch brauchen können
und Händ und Füße, Zung und Lippen regen,
das haben wir zu danken seinem Segen.«
In diesem Liedtext finde ich mich wieder.
Aber schon fällt
ein Schatten auf den Dank dieses Morgens.
Wie ich das Rollo hochspringen lasse,
das Fenster öffne und in die Runde sehe,
denke ich an die Nachbarin,
die jetzt im dritten Monat kranklingt
und keine Aussicht auf Besserung hat.
Mein Dank wird still und macht die Augen zu.

Es ist schön, im Eigenen
beheimatet und aufgehoben zu sein.
Nur beim Menschen ist der Mensch zu Hause.
Wie viele kennen dieses Glück nicht
oder verschleudern es blind!
Wie viele verzehren sich auf der Suche danach
oder leiden unter hochfliegenden Träumen!
Du, dem viele täglich danken,
dem viele täglich fluchen,
warum sieht deine Zuwendung zu uns
so unerfindlich verschieden aus?

Wie ich das Morgenwerden mag,
wenn die Wecker in den Zimmern rasseln,
die Lichter angehen, die Türen sich öffnen
und das fröhliche Getrappel beginnt!
Klares fließendes Wasser, duftende schäumende Seife,
wohlschmeckende Zahnpasta, die den Atem belebt,
wer euch entbehren müßte, kleine Gehilfen
für einen menschenwürdigen Tagesbeginn!

Das flauschige blaue Frotteehandtuch
ist eine Herrlichkeit für den,
der andere Zeiten erlebt hat.
Diese anderen Zeiten, vergiß es nicht,
finden gegenwärtig in anderen Ländern statt.
Darum vollziehe ich die Morgentoilette
wissend und dankbar
wie einen sakramentalen Akt.

Der Duft des Kaffees lockt mich
an den Frühstückstisch.
Nicht immer bringe ich für Brot und Butter
diese Aufmerksamkeit auf,
nicht jeden Morgen ist meine Antenne
blankgeputzt und auf Empfang gestellt.
Aber heute, an diesem alltäglichen Mittwoch
ohne besondere Vorkommnisse,
ist mein Auge seltsam geschärft
und mein Gedächtnis wach und in Form.
Wir haben zu essen und zu leben,
mehr als dreimal genug –
aber der zehnjährige Junge aus Nigeria,
der gestern abend mit Flamingobeinen
über den Bildschirm stakte
– ich sehe noch sein ängstliches Staunen
vor der Kamera –,
ist heute am Hunger gestorben.
Mein Dank bekommt davon
ein schlechtes Gewissen.

Nichts von alledem,
dessen ich gewürdigt werde, verdiene ich.
Nicht weil ich besser wäre als andere,
geht es mir besser als ihnen.
Die Widersprüchlichkeit dieser Welt
läßt sich vielleicht
politisch und gesellschaftlich erklären,

dennoch ist sie ein Geheimnis,
das mich in Frage stellt.
Mein Dank ist kleinmütig geworden
und macht den Mund zu.
Oder klingt er noch an
an das Gebet des Gerechten:
»Ich danke dir, Gott, daß es mir nicht so geht
wie den anderen ...?«
Befreie meine Dankbarkeit
von ihrem schlechten Gewissen,
aber erhalte ihr den Stachel der Unruhe!

Nächtliches Gleichnis

Solange das Licht brennt
über meinen sieben Sachen,
steht draußen
beängstigend groß die Nacht.

Knips ich es aus
und die Augen gewöhnen sich um,
öffnet sich im Fenster
eine ungeahnte Helligkeit.

Sie gibt meine vier Wände
als dunkles Verlies zu erkennen
und verbindet mich tröstlich
mit einer leuchtenden Ferne.

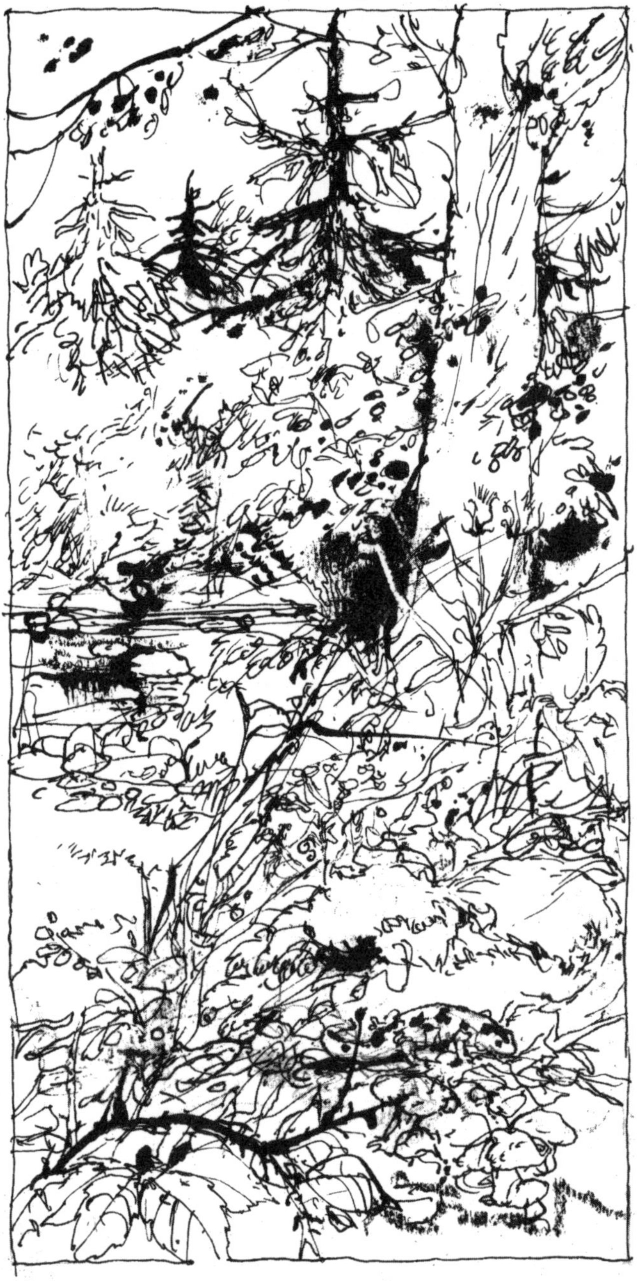

Dank für meinen Wald

Viele Wälder gibt es,
in denen ich gewandert bin,
als Kind, als Junge, als Mann.
Für bestimmte Gegenden und Stellen im Wald,
von denen ich zuweilen träume,
habe ich eine ausgesprochene Vorliebe.
Ich suche sie dann und wann auf
und bin dankbar
für das stille, natürliche Leben,
das mich empfängt, wenn ich zu Fuß oder allein
in Gottes grüne Schöpfung eintauche.
Eine Waldstelle aber liebe ich am meisten.
Sie liegt an einem Bergpaß
unweit meiner Heimatstadt,
über den die vielbefahrene Bundesstraße
in einer weiten Kurve hinwegführt,
und bietet einen Bestand an schönen Rotbuchen.
Mitte und Anziehungspunkt dieses Revieres
ist ein schmaler Bach,
der in harmonischen Windungen
das Gelände durchläuft und der Waldstimmung
einen frohen,
abwechslungsreichen Charakter verleiht.
Unzählige Male bin ich hier abgestiegen,
in unterschiedlichen Lebensjahren
aus unterschiedlichen Richtungen kommend,
aber immer mit dem Gefühl der Heimkehr.
Unzählige Male bin ich hier vorübergefahren,
im Gegenwind der Zeit
und auf der Flucht vor mir selbst,
aber immer mit einem begehrlichen Blick
nach beiden Seiten der Straße.
Schöner Augenblick,
der das Herz höher schlagen läßt:
Abbremsen, blinken, einbiegen und den Wagen

auf weichem Waldboden abstellen.
Durch Farn und kniehohe Grasbüschel,
über herrlichen Moosteppich
und tanzende Sonnenkringel
führt der wissende Schritt an das
plätschernde klare Wasser,
das man noch trinken kann.
Hier, in der Biegung mit moosigen Steinen,
stand ich als Zwölfjähriger mit meinem Vater,
der mich in die Schönheit des Waldes einwies,
und beobachtete Pflanzen und Tiere,
den Würzgeruch der Lauberde in der Nase.
Hier lernte ich den Goldlaufkäfer kennen,
hier fing ich den blauen Bergmolch
und die braune Erdkröte
für das Terrarium daheim.
Hier hielt ich mit meinen eigenen Kindern
Ausschau nach Feuersalamandern.
Hier gibt es sie noch, und manche Exemplare
aus meiner Zucht haben an dieser Stelle
ihre Freiheit wiedergefunden.
Der Anblick der alten hochsommerlichen Buche,
mit der ich
seit fünfunddreißig Jahren befreundet bin,
löst eine Wiedersehensfreude und Erinnerung aus,
die nicht in Worte zu fassen sind.
Seitab sausen die Autos,
ihre Geräusche klingen gedämpft
von der Straße herüber, der Schall geht
über das absinkende Terrain des Waldbachs hinweg –
Eichendorff fällt mir ein
und seine Abschiedsstrophe:
»Da draußen, stets betrogen,
saust die geschäft'ge Welt,
schlag noch einmal die Bogen
um mich, du grünes Zelt!«
Ich weiß, daß ich mich

nachher wieder einreihen muß
in das lärmende Gejage dahinten,
aber jetzt, diese Stunde,
bin ich frei und unbeschwert
und genieße das Zwiegespräch mit meinem Wald.
Es wird mich erfrischt
und mit geschärften Sinnen
in meinen Tag entlassen.
Die Augen voll Buchengrün und Salamandergelb,
im Ohr das feine Rieseln
und Gluckern des Baches,
grüße ich den Schöpfer aus dankbarem Herzen.

Rast am Grießemer Berg

Dies Allerweltsstück Buchenholz,
das da zu meinen Füßen
arglos verwittert –
mit einem Mal sieht es mich
bösartig wie eine Mischung
aus Schlange und Wolf an.
Es starrt und kläfft.

Dem Trugbild
unbeteiligt den Rücken kehren,
nur weil es hellichter Tag ist?
Wieviel Angst,
die uns die Dinge machen,
haben wir vorher selber
heillos in sie hineingesehen.

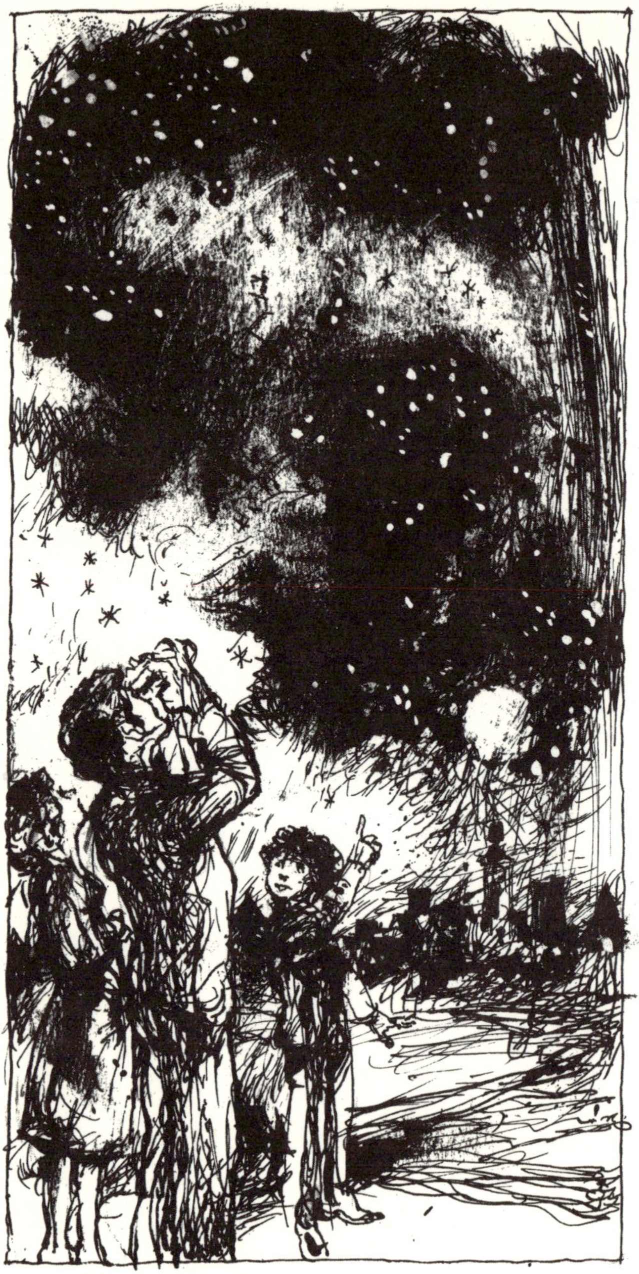

Der gestirnte Himmel über mir

Wunderbar ist es, wenn es an einem klaren,
wolkenlosen Spätnachmittagshimmel
über Stadt und Land langsam Abend wird.
Die Sonne feiert Abschied und schmückt sich
mit einem warmen Goldrot,
das die Augen nicht mehr blendet.
Deutlicher als am hellichten Tag gibt sie
ihre Gestalt als feuriger Gasball zu erkennen,
der nun hinübergleitet
zu anderen Ländern fern im Westen
und dort den Morgen heraufführt.
Wo sie im Untergehen begriffen ist,
legt sich ein feiner Rosastreif
über den Horizont,
der noch eine Zeitlang nachglüht,
ehe er in der blaugrünen Dämmerung erlischt.
Das ist die Stunde der Sterne.
Nach und nach geben sie sich zu erkennen:
der Große Wagen, der um den Polarstern schwingt,
ihm gegenüber die Kassiopeia,
das aus fünf Lichtern gedruckte große Himmels-W,
hoch im Süden der herrliche Himmelsjäger Orion
mit der rötlichgelben Beteigeuze
und dem blauweißen Rigel,
der Kleine Hund und der Große Hund mit Sirius,
dem hellsten Stern des Winterhimmels,
und zu ihren Häupten
die Zwillinge Castor und Pollux,
der Fuhrmann mit Capella und der Stier
mit den prächtigen Hyaden und Plejaden.
Alles sind ferne Sonnen,
Sonnen wie unsere Sonne,
Sonnen unvergleichlich größer als unsere Sonne.
Nimm den Feldstecher zur Hand und richte ihn
auf den offenen Sternhaufen der Plejaden.

Welch ein köstliches Gedränge goldener Sonnen
ersteht vor deinen Augen,
die sich nicht sattsehen können!
Kein Fernsehen, kein Farbdia, kein Bildband
ersetzt dir dieses selbsterlebte Schauspiel.
Sieh dir den Orionnebel in deinem Nachtglas an!
Du guckst in die Geburtskammer des Weltalls,
in der neue gleißende Sterne entstehen.
Der Schöpfer, dem du dein Leben verdankst,
ist größer und die Welt reicher, als du es dir
in deinen kühnsten Stunden vorgestellt hast.
Wir machen uns die großen Zusammenhänge,
in denen wir leben, viel zu wenig bewußt.
Würden wir uns öfter Zeit und Muße nehmen
für einen befreienden Blick zum Himmel
aus der Enge und dem grauen Einerlei
unseres Alltags,
wir würden mehr aufatmen
und Abstand gewinnen zu uns selbst.
Vergiß nicht den Andromedanebel
ausfindig zu machen,
der gar kein Nebel ist,
sondern eine riesige Ansammlung
von Sternen und Sternsystemen,
eine Schwester unserer Milchstraße,
und begreife es nicht, daß das Licht
von jenem mattschimmernden Wölkchen bis zu uns
über zwei Millionen Jahre unterwegs ist.
Wie unermeßlich ist die Welt!
Wie winzig die Erde!
Monde umkreisen Planeten,
Planeten umkreisen Sonnen.
Milliarden von Sonnen bilden eine Milchstraße.
Viele Milchstraßen ordnen sich zu Haufen zusammen
und diese wiederum zu Superhaufen –
wo will das hinaus?
Die Werkstatt des Schöpfers

weitet sich ins Unabsehbare,
und nur einen kleinen Teil
ihrer Ordnung und Geschichte
erkennen wir mit Staunen und Bewunderung.
Flieg in Gedanken
nur ein Stück weit in den Raum,
wende dich um –
ein schwach zitternder kleiner Lichtstrahl
umfaßt alles Glück und Leid der Menschheit.
Flieg weiter –
und das geborgte Licht unseres Planeten
verlöscht endgültig
in der Unermeßlichkeit des Alls.
Schon jenseits des Sirius
weiß niemand mehr etwas
von der Existenz der Erde.
Diese Gedankenübung kann dich wappnen
vor Überheblichkeit und Egoismus,
vor der Blindheit,
sich selbst zu wichtig zu nehmen,
und rückt die irdischen Dinge unbestechlich ins Lot.
Sind wir allein im Kosmos?
Oder haben wir Brüder
in den Tiefen des Universums?
Sollte das Leben wirklich nur einmal
Fuß gefaßt haben
und die Erde mitten im Schneegestöber
der Milliarden und Abermilliarden Sternensysteme
die einzige Ausnahme sein?
Unter dem leuchtenden Sternenhimmel
wird die Frage nach dem Leben
zum faszinierenden Geheimnis,
und dich überkommt mit einem Mal
ein unsägliches Glücks- und Dankesgefühl,
teilhaben zu dürfen
an der wunderbaren Bevorzugung,
zu leben und Mensch zu sein.

Aber das Dunkel

Immer suchen wir
nach den Sternen,
wenn wir schon einmal
den Blick über uns erheben,

nennen ihre Namen,
ordnen sie ein
in die himmlische Bilderei,
lauschen der funkelnden Botschaft.

Aber das Dunkel dazwischen,
weitaus größer und geheimnistiefer,
aus dem wir selbst
fragend die Augen aufschlagen:

Ist es uns
so wenig der Rede wert?

Nicht zuständig für das Unverständliche

Warum hat es gerade die acht Bergleute
erwischt, die heute morgen
in einem mir unbekannten Bergwerk
zweihundertundfünfzig Meter unter der Erde
verschüttet wurden?
Warum wurde gerade
der achtundvierzigjährige Hubert Maier
nach langen Rettungsversuchen
als einziger lebend geborgen?
Ich weiß es nicht und schweige betroffen,
weil ich an die verzweifelten Angehörigen denke,
ihre Angst, ihr Bangen,
ihre entsetzten Augen bei der Nachricht,
ihre namenlose Trauer, die lange anhalten wird.
Kann man sich über eine Rettung freuen
bei so viel Unglück?
Warum ist ausgerechnet
die blühende junge Frau und Mutter,
die so am Leben hängt
und von den Ihren gebraucht wird
wie der tägliche Sonnenschein, hoffnungslos
mit einer Krebsgeschwulst geschlagen,
während der Greis,
der schon lange keine Lust mehr am Dasein hat
und jeden Tag inständig darum bittet,
abgerufen zu werden,
lebt und lebt und lebt?
Ich verstehe es nicht und wundere mich müde,
wie seltsam und widerspruchsvoll
die Geschicke verteilt sind,
wie wenig feststellbar
der rote Faden eines Sinnes
durch unsere Lebensläufe geht.
Ich danke dir, Gott,
daß ich dieses Unverständliche

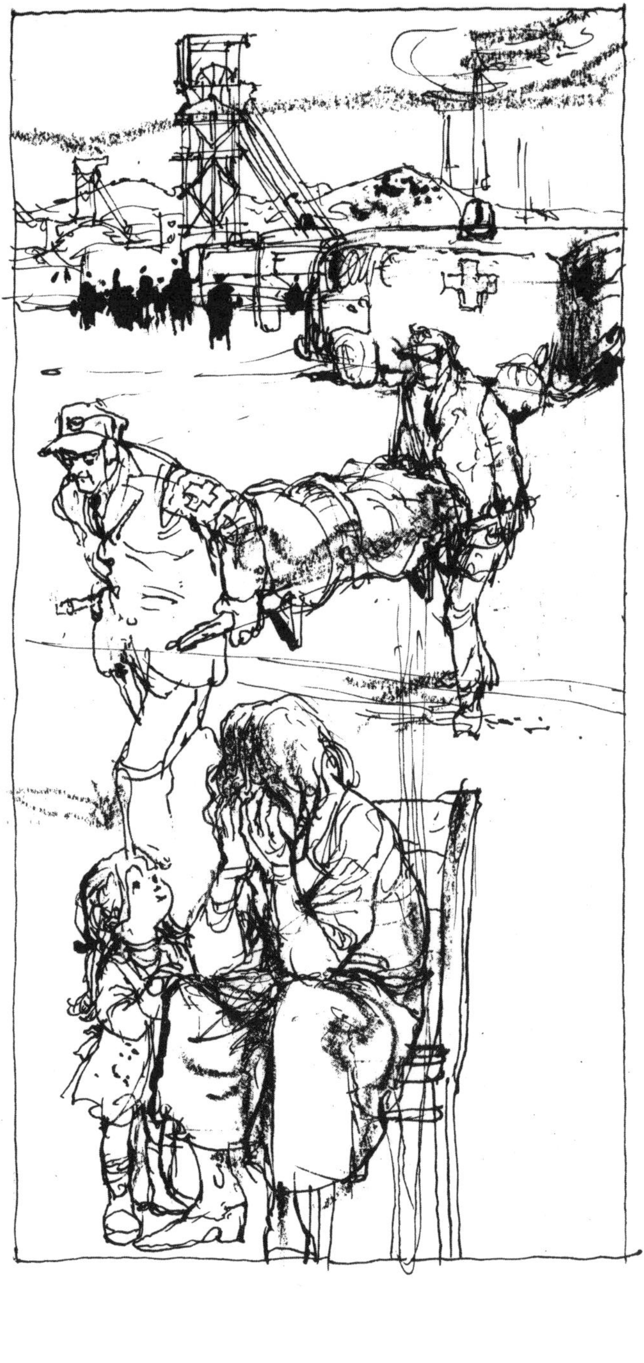

nicht ordnen, verstehen
und einsichtig machen muß,
daß ich es nicht zu durchschauen brauche,
so gern ich es wollte.
Ich danke dir,
daß wir diese Überfälle von außen und innen
letztlich nicht zu verantworten haben,
daß wir sie dir zuschieben können,
wenn auch mit Fragen,
auf die du uns nicht antwortest.
Warum muß jedes Volk dieser Erde
mit schrecklicher Unausweichlichkeit
all die Irrwege wiederholen,
die andere Völker vor ihm gegangen sind?
Irrwege in die Gewalt und Knechtschaft,
Irrwege in die diktierte Revolution
und die Zerstörung des Menschenbildes,
ehe sich langsam und in heimlichen Anzeichen
die Sehnsucht nach Freiheit und Menschlichkeit
bemerkbar macht?
Warum dauert dieser Prozeß
an vielen Stellen der Erde
so unbegreiflich lange?
Warum wird er in einem Land, das fast schon
ans Ziel gekommen zu sein schien,
plötzlich wieder unterbrochen?
Warum wird der Frieden,
der allein diesen Namen verdient,
erst fünf vor zwölf ernst genommen
und erst dann nicht mehr
als weichliche Idee von Spinnern verspottet,
wenn sich die herrschenden Machtblöcke
bis an die Zähne atomgerüstet gegenüberstehen
und wenn es ums Überleben geht?
Ich kann das alles nicht beurteilen,
ich stehe vor einem Rätsel.
Ich danke dir, Gott,

daß ich für die Sinnhaftigkeit
oder Sinnlosigkeit der Geschichte
nicht verantwortlich bin,
daß ich dir dieses Problem aufladen darf.
Aber indem ich es dir aufbürde, entlastest du mich
und nimmst mich in Pflicht etwas zu tun,
was in meiner Umgebung
dem Sinn und dem Frieden dient.
Ich weiß, daß mein Beitrag
nur winzig sein kann und dabei
oft noch von Erfolglosigkeit begleitet ist.
Auch ist er verunstaltet
durch Ichsucht und Schwäche,
denn ich bin
ein durchschnittliches Exemplar Mensch
und wirke im kleinen nicht anders
als viele im großen.
Warum ich so bin, wie ich bin?
Warum ist die Welt so, wie sie ist?
Warum versteht mich manchmal
der Mensch am wenigsten,
der mich am besten kennt?
Warum verstehe ich manchmal
den Menschen am wenigsten,
den ich am besten kenne?
Ich weiß es nicht, aber du weißt es.
Vielleicht ist es gut,
daß du vieles allein weißt.
Vielleicht ist es ein Schutz, daß du mich
in bestimmten Augenblicken
mit dem Mantel des Nichtverstehens bekleidest.
Ich danke dir noch einmal,
daß ich nicht zuständig bin
für das viele Unverständliche in der Welt.
Ich danke dir,
daß meine Augen nicht alles sehen,
daß mein Verstand nicht alles erklären kann.

Ich danke dir, daß meine Rechnungen
nicht immer aufgehen
und meine Wünsche sich nur zum Teil erfüllen.
Ich lobe dich,
daß Glauben bei dir nicht Bescheidwissen,
sondern Vertrauen ist.

Über den Berg gesungen

Wenn der Wind nicht wäre
und die Wolke im Blau,
nähme ich alles Schwere
viel zu schwer und genau.

Würde nicht Nähe zur Ferne,
Letztes von Zweifeln erreicht,
wäre der Weg, den ich lerne,
vordergründig und leicht.

Wenn nicht Geheimnis bliebe,
was mir warum widerfährt,
wäre die Welt keine Liebe
und keine Traurigkeit wert.

Engagierte Zeitgenossen

Herr, ich danke dir,
daß es in der Welt so viele Menschen gibt,
die sich für die Wahrheit einsetzen
und auch in heiklen Lagen das Gute tun.
Oft nehme ich es nicht wahr,
weil meine Augen nicht aufnahmebereit sind
und ich zu sehr
mit meinen Pflichten beschäftigt bin.
Plötzlich aber trifft und bewegt mich
ein Bildbericht im Fernsehen,
eine Nachricht in der Tageszeitung,
ein Vorkommnis in der eigenen Stadt
und wirft meine These von der
Unveränderbarkeit der Welt über den Haufen.
Ich danke dir, daß du mir mit solchen
guten Nachrichten und frohen Botschaften
dazwischenkommst und den Kreislauf des Üblichen
heilsam unterbrichst.
Ich danke dir für den engagierten Politiker,
der sich von Sitzung zu Sitzung,
von Termin zu Termin
aufreibt für eine gerechte Neufassung
der Rentenbestimmungen.
Ich danke dir für die Zivilcourage
des Fraktionsvorsitzenden,
der der eigenen Fraktion,
wenn es sein muß, die Leviten liest.
Ich danke dir für den mutigen Gewerkschaftler,
der in der Stunde der Gefahr
zum Anwalt und Mittler der Vernunft wird.
Ich danke dir
für das Zustandekommen der Bürgerinitiative,
die sich mit den diktierten Bauplänen für die
Altstadtsanierung nicht zufriedengeben will.
Ich danke dir

für die Kundgebung gegen die Aufrüstung,
weil dadurch noch einmal alles
in den Brennpunkt
des öffentlichen Interesses rückt
und noch einmal ernst genommen
und diskutiert werden muß.
Ich danke dir für die jugendlichen Protestler,
die mit ihrer Demonstration

gegen die Errichtung des neuen Atomkraftwerkes
die verantwortlichen Stellen zu Bedenkzeit
und Überprüfung des Sicherheitsfaktors zwingen.
Ich danke dir
für die Umweltschützer in unserem Landkreis,
die einen Verein ins Leben gerufen haben,
um für die bedrohten heimischen Lurche
und Kriechtiere ein Reservat zu begründen.
Ich danke dir
für den Schriftsteller im Land der Diktatur,
der kein Blatt vor den Mund nimmt
und den Finger auf die wunde Stelle legt,
obwohl er mit allem rechnen muß.
Ich danke dir für den Arzt,
der ohne Rücksicht auf die Zunft
Alarm schlägt und protestiert
gegen die unwürdige Art
in unseren Krankenhäusern zu sterben.
Ich danke dir für das
unbezahlbare Lächeln der Krankenschwester,
das mehr tut für die Genesung des Patienten
als Fiebermessen, Spritzen und Tabletten.
Ich danke dir für den Lehrer, dem der
mutlose Schüler im Haufen der vielen auffällt
und der ihn anspricht
und mit ihm ein Stück zusammen geht.
Ich danke dir
für den Sieger im Stabhochsprung,
der, während die Kamera ausblendet,
den unterlegenen Sportler in die Arme schließt.
Ich danke dir
für den ungenannt gebliebenen Mann,
der unter Einsatz seines Lebens
im letzten Moment
die versinkende Frau
aus dem eiskalten Wasser rettet,
nachdem der Rettungshubschrauber

für die Kundgebung gegen die Aufrüstung,
weil dadurch noch einmal alles
in den Brennpunkt
des öffentlichen Interesses rückt
und noch einmal ernst genommen
und diskutiert werden muß.
Ich danke dir für die jugendlichen Protestler,
die mit ihrer Demonstration

gegen die Errichtung des neuen Atomkraftwerkes
die verantwortlichen Stellen zu Bedenkzeit
und Überprüfung des Sicherheitsfaktors zwingen.
Ich danke dir
für die Umweltschützer in unserem Landkreis,
die einen Verein ins Leben gerufen haben,
um für die bedrohten heimischen Lurche
und Kriechtiere ein Reservat zu begründen.
Ich danke dir
für den Schriftsteller im Land der Diktatur,
der kein Blatt vor den Mund nimmt
und den Finger auf die wunde Stelle legt,
obwohl er mit allem rechnen muß.
Ich danke dir für den Arzt,
der ohne Rücksicht auf die Zunft
Alarm schlägt und protestiert
gegen die unwürdige Art
in unseren Krankenhäusern zu sterben.
Ich danke dir für das
unbezahlbare Lächeln der Krankenschwester,
das mehr tut für die Genesung des Patienten
als Fiebermessen, Spritzen und Tabletten.
Ich danke dir für den Lehrer, dem der
mutlose Schüler im Haufen der vielen auffällt
und der ihn anspricht
und mit ihm ein Stück zusammen geht.
Ich danke dir
für den Sieger im Stabhochsprung,
der, während die Kamera ausblendet,
den unterlegenen Sportler in die Arme schließt.
Ich danke dir
für den ungenannt gebliebenen Mann,
der unter Einsatz seines Lebens
im letzten Moment
die versinkende Frau
aus dem eiskalten Wasser rettet,
nachdem der Rettungshubschrauber

sie schon aufgegeben hatte.
Ich danke dir für den Landwirt, der sagt:
Von diesen Eichen hier, die ich jetzt pflanze,
habe ich nichts mehr, aber meine Nachfahren
in einhundertfünfzig Jahren.
Ich danke dir für alle Beter,
ich kenne sie nicht,
aber du kennst und hörst sie,
die rund um die Erde für den Frieden bitten.
Ich danke dir, daß mich alle diese Menschen
und noch viele andere mehr
einladen und mir Mut machen,
an meiner Stelle und mit meinen Kräften
das Meine zu tun.
Ich danke dir,
daß ich es noch nicht verlernt habe,
dir zu danken.

Auf dem Teppich bleiben

Ich sollte es eigentlich wissen
und den leidigen Amtskram,
der nun einmal dazugehört,
nicht mit so vielen Luftballons behängen.

Den Zuspruch, den ich erhielt,
erhielt ich immer
außerhalb der Geschäftszeit
und unabhängig von Zuständigkeiten.

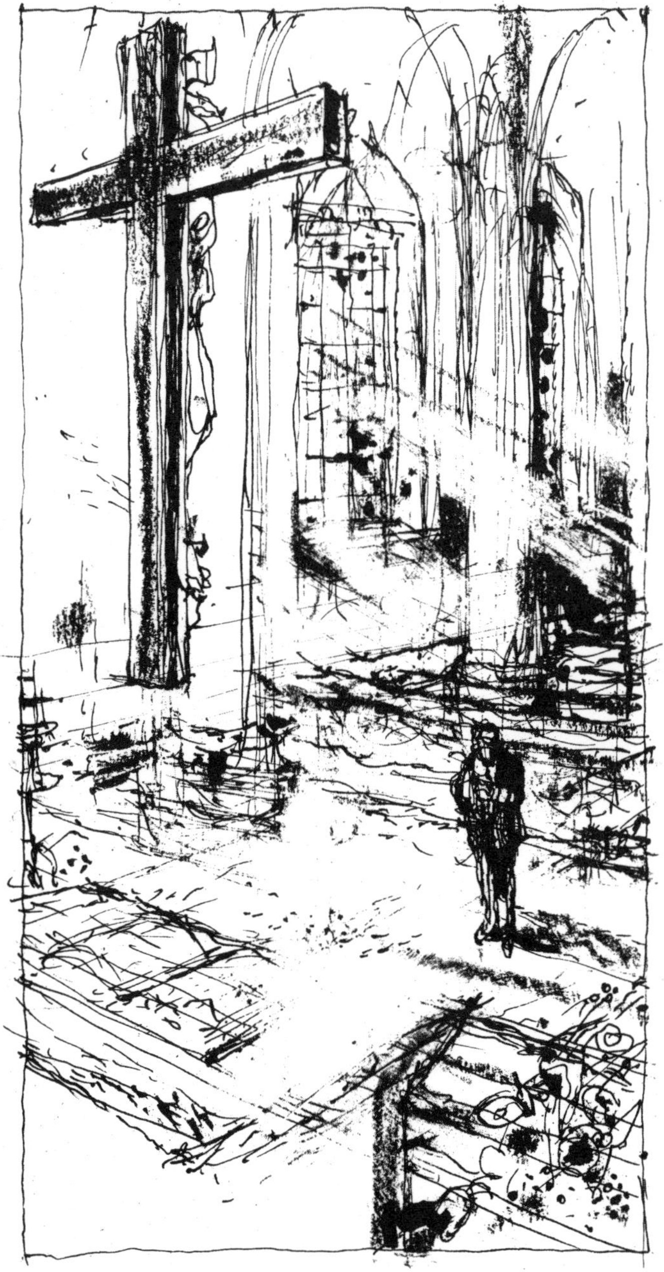

Nur einer

Nur einer kommt zurück und dankt.
Nur einer von zehn, die gesund geworden sind.
Neun zu eins für den Undank,
der der Welt Lohn ist?
Sie müssen schon froh gewesen sein,
diese Männer, unsagbar froh, wie sie da
mit leuchtenden Augen und heiler Haut
in ihr Leben davonliefen!
Vorbei die Trennung,
vorbei die Angst vor morgen,
vorbei der Haß gegen das eigene Aussehen,
vorbei das Gefühl der Schuld und der Strafe.
Auf zu Frau und Kindern, zu Vater und Mutter:
Ich bin wieder da! Und seht, ganz gesund!
Freut euch mit mir!
Alles ist wieder, wie es war.
Wir sind noch einmal davongekommen.

Ein gütiges Geschick brachte die Wende.
Immer behalten wir es vor Augen,
oft werden wir noch davon erzählen müssen.
Vor allem Gesundheit! sagen die Menschen
und haben einen empfänglichen Sinn
für Heilungsprozesse, von denen die Ärzte
wie von einem Wunder sprechen.
Nur einer kommt zurück und dankt.
Nur einer von zehn, die gesund geworden sind.
Die neun sind fortgegangen,
überwältigt von einem neuen Lebensgefühl –
und haben doch die große Chance
des Augenblickes nicht ergriffen!

Wenn wir sie fragen könnten,
warum sie ihrem Wohltäter nicht gedankt haben,
wir bekämen Antworten, die wir verstehen,

weil es unsere eigenen Antworten sein könnten.
Einer spräche vielleicht:
Eigentlich wollte ich anfangs ja zurückkehren,
um mich beim Urheber meines Glückes zu bedanken.
Aber in der Freude des Wiedersehens
mit den Meinen
überfiel mich das große Vergessen, und nachher
war es zu spät. So ist das Leben.
Ein anderer könnte antworten:
Ich dachte,
du kannst doch nicht mit leeren Händen
vor deinen Retter hintreten,
und suchte ehrlich nach einem Entgelt für ihn.
Aber je länger ich suchte,
desto mehr ging mir auf,
es gab nichts, was dieser Tat angemessen wäre,
und so ließ ich den Gedanken schließlich fallen,
um mich nicht zu blamieren.
Und so spräche vielleicht der dritte:
Der, dem ich mein Leben verdanke,
freut sich am meisten,
wenn ich mich meines Lebens freue.
Und das tue ich ja!
Ich kenne ihn; er erwartet keinen Dank,
er ist darüber erhaben.
Und so spräche vielleicht der vierte:
Wer weiß, ob meine Heilung
wirklich nur auf ihn zurückgeht!
Es war schon etwas Großes, als er furchtlos
auf unsere gespenstische Gruppe zukam
und durch sein Wort
jedem von uns eine Brücke baute.
Aber vielleicht hat er nur etwas angesprochen,
was in uns selbst die Gesundung in Gang setzte,
und so gehört der Dank eigentlich
dem guten Zusammenspiel der leiblichen
und nervlichen Kräfte,

das meine Heilung ermöglichte.
Vielleicht hätte jeder der neun
seine eigene Antwort und Begründung – wie wir.

Nur einer kommt zurück und dankt.
Nur einer von zehn, die gesund geworden sind.
Könnten wir ihn fragen,
würde er möglicherweise zur Antwort geben:
Ich mochte die gute Gabe nicht hinnehmen
und dem Geber den Rücken kehren.
Ich konnte die Wohltat nicht genießen,
ohne dem Wohltäter
an Ort und Stelle gedankt zu haben.
Denn das
war die eigentliche Wohltat der Wohltat,
daß sie mich über sich selbst hinaus
auf den gottgesandten Wohltäter hinwies.
Mit ihm mußte ich in Verbindung bleiben
und möchte jetzt den Ursprung meines Glückes
nicht wieder aus den Augen verlieren.
Ich jubele über die Hilfe,
die mir widerfahren ist,
und preise das gütige Geschick,
das die Wende brachte,
aber ich kann den Ruf an mich nicht überhören,
der darin steckt, den Ruf zum Glauben.
Seit dieser Stunde des Dankes
bin ich ganz, an Leib und Seele, gesegnet
und ein anderer, neuer Mensch geworden.
Ich mag nicht mehr leben
ohne den, der das Leben in Person ist.
Nur einer kommt zurück und dankt.
Nur einer von zehn, die gesund geworden sind.

Nicht machbar

Ich singe.
Aber es ist kein Lied.
Du betest.
Aber es ist kein Gebet.
Er denkt nach.
Aber da ist kein Gedanke.
Sie schweigt.
Aber da ist keine Stille.
Es predigt.
Aber da ist keine Botschaft.
Wir reden.
Aber da ist kein Gespräch.
Ihr protestiert.
Aber es ist kein Bekenntnis.
Sie handeln.
Aber es ist keine Tat.
Ich, du, er, sie, es,
wir, ihr, sie
alle zusammen machen
noch lange keine Gemeinde.

Dank an Jesus von Nazareth

Es gibt keine Abbildung von ihm,
aber sein Bild und Wesen
leuchtet durch die Jahrhunderte.
Er hat keine Aufzeichnungen hinterlassen,
aber sein Wort hat hundertfach Gestalt gewonnen.
Er wirkte in einem anderen Land,
zu einer anderen Zeit,
und doch spricht er meine Sprache.
Ich habe ihn nie gesehen,
und doch kann ich nicht sagen,
ich kenne ihn nicht.
Er hat mich nie gesehen, und doch weiß ich mich
wahrgenommen von ihm.
Vielleicht ist die Begegnung mit ihm
meine wichtigste und größte Begegnung.
Er enthüllt mir
die geheimnisvolle Macht des Guten,
die überall wirkt und auch noch aus dem Bösen
etwas Gutes machen kann.
Er stellt mich selber in ihren Dienst.
Wo mir dunkle Rätsel begegnen
und unbeantwortbares Schicksal,
suche ich seine Augen und seine Hand.
Dann öffnet sich in mir eine Kraft zum Dennoch.
Er gibt mir,
was ich mir selber nicht geben kann
und was mir andere
nur zeitweilig und gebrochen geben:
Liebe, die annimmt, weil sie angenommen ist.
Er sieht auf den einzelnen
und nimmt sich seiner an,
während die Welt
sich nur von Gruppe und Kollektiv,
von Organisation und Programm beeindrucken läßt.
Er setzt das Heil des Menschen

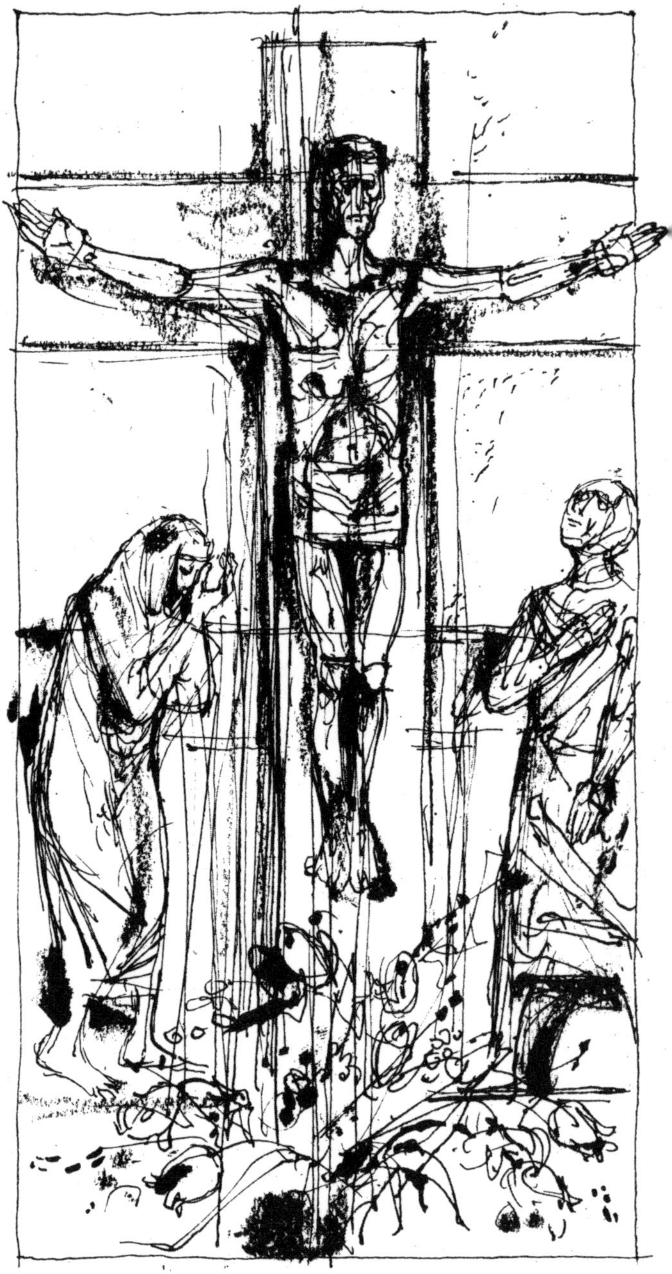

über alle Weltanschauungen und Prinzipien
und beendet die Bevormundung durch eine
falschverstandene Religion und Kirche.
Er gibt keine Partei, kein Rezept, keine Moral,
nicht einmal ein Dogma zu hüten.
Er steht dafür ein,
daß Gott, die Macht des Guten,
jeden, wer er auch sei,
mit erbarmenden Augen ansieht, also auch mich.
Während andere über Leichen gehen, um ihr
weltliches oder himmlisches Ziel zu erreichen,
opfert er sich selbst
für die Freiheit des Menschen
und für die Wahrheit Gottes.
Sein Tod ist auf den zweiten Blick
ein wunderbarer Sieg.
Er sagt das Wichtigste
nicht in langen Predigten,
die klein machen und Angst einflößen.
Daß die Bergpredigt bei Matthäus
und die Feldrede bei Lukas
erst später aus vielen Einzelworten
zu ganz verschiedenen Anlässen
zusammengestellt sind,
ist eine wohltuende Erkenntnis.
Er sagt das Wichtigste im kleinen Kreis,
im Gespräch,
im persönlichen Gegenüber, oft unter vier Augen,
im Gebet, immer konkret und situationsbezogen.
Er sagt es in faßbaren Bildern
und mutzusprechenden Gleichnissen,
die immer erst geben, ehe sie fordern.
Noch im Streitgespräch, wenn es sein muß,
wirbt er um einen hellen Funken Begreifen.
Er will nicht alles auf einmal.
Er sagt nicht: alles oder nichts,
jetzt oder nie,

wie es die Eiferer aller Zeiten tun.
Hier, an dieser einen Stelle,
spricht er, fang an! Es lohnt sich!
Ich gebe dir Kraft und Freude dazu.
Er schenkt mir einen Platz im Kreis der Seinen
und würdigt mich, seinen Namen zu tragen.
Aber er hält auch mein Wissen dafür offen,
daß es
keine Mauern und Grenzen gibt für sein Reich,
daß der Wind weht, wo er will,
und daß mein Ort und meine Weise
nur *ein* Ort und *eine* Weise
unter unzähligen anderen ist.
Viel zu wenig nehmen wir zur Kenntnis,
daß er Freude lebt und Freude vermittelt.
Er ist auf einer Hochzeit dabei
und feiert Feste mit.
Er hält Tischgemeinschaft
mit Freunden und Fremden
und gibt dem Essen und Trinken
einen tiefen Sinn.
Aus seinen Händen
nehme ich das Brot des Lebens
und den Wein der Freude.
Er spendet Sinn
für die Schönheit der Schöpfung
und weist hin auf die Lilien des Feldes.
Er liebt das Nichtalltägliche
und verteidigt den Luxus der Liebe
gegen die Halbherzigkeit
der Nützlichkeitsfanatiker.
Daß er die Einsamkeit kennt
und schließlich ganz verlassen ist,
körperliche und seelische Schmerzen leidet,
daß er weinen kann und trauern,
daß er zu zittern und zu zagen beginnt,
daß er ausruft: Mein Gott, mein Gott,

warum hast du mich verlassen?
und doch am Ende seinen Geist
in Gottes Hände befiehlt –
dies alles ist mir unverlierbar eingeprägt
und arbeitet mit an meiner Erlösung
auf den Tag X zu.
Dafür danke ich ihm.

Zwischenfrage

Glaubwürdig, einleuchtend,
heißt die Parole,
für die wir alle
unsre Hand ins Feuer legen.

Die Schneisen,
die wir durchs Dickicht schlagen,
lassen bald
kein Geheimnis mehr zu.

So redlich, so plausibel
haben wir uns angewöhnt
den Himmel
auf die Erde zu holen,

daß es einem fast schon
die Sprache verschlägt,
sich gegenläufig
zu Wort zu melden:

Ein einleuchtender Gott,
Hand aufs Herz,
ob der
wirklich Gott wäre?

Inhalt

Danken – Rede und Widerrede	5
Ein Tag unter anderen	8
Anzeichen	9
Ich beglückwünsche meinen Apfelbaum	11
Vor dem Spiegel	12
Immer sowohl als auch – oder: Von der Schwierigkeit, Farbe zu bekennen	15
Ich liebe Dich	17
Freispruch	19
Zeitung, Post, Müllwagen	21
Lutherischer Augenblick	23
Beim Blättern im Reisealbum	25
Wann ist unser Mund voll Lachen?	26
Laudatio auf mein Auto	29
Mit jeder Fahrt	31
Der Weise von Montagnola	33
Für Hermann Hesse	35
Die Wunder nehmen zu	36
Schnittpunkte, Brennpunkte	39
Eines Morgens	40
Nächtliches Gleichnis	43
Dank für meinen Wald	45
Rast am Grießemer Berg	47
Der gestirnte Himmel über mir	49
Aber das Dunkel	52
Nicht zuständig für das Unverständliche	53
Über den Berg gesungen	57
Engagierte Zeitgenossen	58
Auf dem Teppich bleiben	61
Nur einer	63
Nicht machbar	66
Dank an Jesus von Nazareth	67
Zwischenfrage	71